AUGUSTE CHIRAC.

—

LES MYSTÈRES DU CRÉDIT

I

LE CRÉDIT FONCIER

DE FRANCE

PARIS

AMYOT, ÉDITEUR, 8, RUE DE LA PAIX

—

1876

LES MYSTÈRES DU CRÉDIT

PREMIÈRE SÉRIE :

LE

CRÉDIT FONCIER DE FRANCE

PAR

AUGUSTE CHIRAC

Auteur de

LA HAUTE BANQUE ET LES RÉVOLUTIONS

Paris. — Typ. Arnous de Rivière, rue Racine, 26.

LES
MYSTÈRES DU CRÉDIT

LE
CRÉDIT FONCIER DE FRANCE

SOMMAIRE

Paris. — Impr. Arnous de Rivière et Cie. Rue Racine, 25.

MYSTÈRES DU CRÉDIT

OUVRAGES DU MÊME AUTEUR

La Haute Banque et les Révolutions.

POUR PARAÎTRE PROCHAINEMENT :

Les Marchands d'Écus.

Mathurin à la recherche d'une opinion politique.

Napoléon III et ses fermiers généraux.

Les Mystères du crédit (2ᵉ série).

Révélations sur la trésorerie anglaise.

Paris. — Imprimerie Arnous de Rivière et Cⁱᵉ, rue Racine, 26.

AUGUSTE CHIRAC

LES

MYSTÈRES DU CRÉDIT

I

LE CRÉDIT FONCIER

DE FRANCE

PARIS

AMYOT, LIBRAIRE-ÉDITEUR

8, RUE DE LA PAIX, 8

MYSTÈRES DU CRÉDIT

AU LECTEUR.

J'entreprends une chose hardie et périlleuse.

Ce que je vais écrire, il est peu de journaux assez indépendants pour oser l'imprimer.

Mais peu m'importe. C'est une croisade sainte que de lutter contre cette féodalité de l'argent qui nous dépouille d'autant plus sûrement qu'elle affecte des allures philanthropiques.

« Philanthropie et politique », voilà deux mots et deux mensonges dont journellement cette féodalité, véritable nid de ***Burgraves***, couvre ses déprédations.

Or, il n'y a pas de politique ; il n'y a que de la finance. S'il n'y avait pas à diriger et à canaliser l'épargne ou la production de 30 millions de Français ; s'il n'y avait pas 30 millions de comptes courants à solder et à reporter annuellement, IL N'Y AURAIT AUCUN INTÉRÊT A ÊTRE GOUVERNEMENT !

Enfin la politique n'est que *la forme* au moyen de laquelle, selon les temps, il apparaît plus aisé à quelques aventuriers de prélever une dîme sur ces comptes courants nationaux.

Tantôt cette forme est monarchique, tantôt césarienne, tantôt.... philanthropique à la manière de Bismark. Hélas ! quand donc sera-t-elle *française ?*

Or, si après avoir fouillé l'histoire du passé, et si avant de la poursuivre dans les détails de la période impériale, je puise tout à coup à pleines mains dans les purulences actuelles, c'est qu'un grand attentat est près de se consommer, et qu'il est grand temps de crier HARO !

Lecteur, vous tenez la preuve de mon indépendance.

Faites que je puisse dire ma pensée, toute ma pensée qui est toute à vous et toute pour vous ;

Car, je vous le jure, je serai lier de répondre aux tentatives des *étouffeurs* de vérités, en votre nom comme au mien :

Malgré vous je vous démasque, et tout votre or est impuissant !

Et ils seront ébahis, n'étant guère accoutumés à de pareils échecs ; et ils enrageront, moins de mon audace que de l'impossibilité de douter de son intégrité.

Or cette impossibilité sera votre œuvre.

Aussi, quand ils me crieront avec l'insulte aux lèvres et la rage dans le regard :

— Qui donc te paye ?

(Car avec ces gens-là, il faut toujours que quelqu'un paye.)

Je leur répondrai avec orgueil :

— Lui ! ce public que vous vouliez duper ; et il le fait volontairement, sans manœuvre à la hausse, sans spéculation, sans agio, sans fausses nouvelles, sans escroquerie !

Sur ce lecteur, je vous salue.

AUGUSTE CHIRAC.

Marseille, 16 juin 1876.

LE CRÉDIT FONCIER

DE FRANCE

SOMMAIRE

LE

CRÉDIT FONCIER DE FRANCE

AUX PRÉLATS DU VEAU D'OR.

Écrivant avec ma conscience, il est évident que ma conscience est à vendre.

Ceci est bien entendu.

Or, comme on n'a pas pu deviner qui l'avait achetée, pour me suggérer *la Haute Banque et les Révolutions* (1), j'ai résolu d'é-

(1) La question a été posée dans une librairie que je pourrais nommer.

pargner désormais tout cassement de tête aux chercheurs d'énigmes ou aux pourchasseurs de solutions, et je me suis hâté de commencer la série des *Mystères du Crédit.*

Qu'ils le sachent donc :

Je débute par le *Crédit foncier.*

C'est donc évidemment cet établissement qui a acheté ma conscience.

D'ailleurs, inquiet, à juste titre, du prix que l'on pourrait mettre à cette acquisition, j'ai poussé la précaution jusqu'à faciliter *au veau d'or* tous les moyens d'avoir, avec moi, les entretiens les plus fréquents et les pourparlers les plus discrets.

Dans ce but, j'ai quitté Paris et je suis allé écrire ce petit livre à deux cents lieues de la rue Neuve-des-Capucines, c'est-à-dire à Marseille :

A cause du télégraphe !

Ceci étant dit, et ayant ainsi carrément avoué mon *infamie*, je redeviens *vil pamphlétaire*, et je vais avoir le dégoût de prendre corps à corps les principaux mystères du sacerdoce financier.

1

LE CONTRÔLE TUE LE CRÉDIT.

Crédit signifie confiance ; donc le contrôle tue la confiance. Voilà, ma foi, une affirmation des plus rassurantes.

Mais c'est pis qu'une affirmation ; c'est un cri d'alarme !

Et ce cri a été poussé par un ministre dans une mémorable séance de la Chambre des députés de la République française, portant la date du 19 mai 1876.

En effet, ouvrez le *Journal officiel*, page 3455, deuxième colonne, lignes 76 à 81 :

MONSIEUR LE MINISTRE DES FINANCES :

« ... *Il n'y a plus de crédit privé ou*
« *public, il n'y a plus d'affaires sérieuses pos-*
« *sibles, si le Parlement crée ainsi des com-*
« *missions d'enquête pour examiner la si-*
« *tuation des sociétés.* »

Ainsi, contribuable français, te voilà bien et dûment averti.

Les opérations sérieuses, le crédit public ne vivent que par l'obscurité et les ténèbres. On te l'avoue, on te le crie : si tu y voyais clair, jamais tu ne donnerais ton argent.

Il te faut la nuit; sois calme, on te la fait noire, épaisse, orageuse.

Il y a un nouveau désastre à l'horizon? Ne bouge pas!

Quand tout sera fini, quand l'attentat sera consommé, quand, comme pour la Turquie, tu n'auras plus qu'à courber le front devant le turban en faillite, alors on nommera des commissions, on fera des rapports *Cave* et creux, alors on enquêtera, on protocolera, on protestera.

Alors, toi, naïf, tu diras :

— Tout ceci est bien, mais pardon, et mon argent?

Et l'on te répondra :

« La responsabilité du ministre? la responsabilité du ministre : c'est autre chose.»

(*Journal officiel* même date, même page, 3ᵉ colonne, ligne 6.)

C'est-à-dire : la responsabilité du ministre ce n'est pas ton argent. Non. C'est un discours éloquent, qui arrivera *après* et qui indiquera par A + B comment il aurait fallu agir pour éviter le mal.

Et alors, toi, de plus en plus inquiet, tu répéteras :

— Pardon... mais... mon argent? Et l'on te répondra :

— Il n'existe pas de valeurs qui soient mieux garanties que les 1.500 millions qui circulent dans le pays.

(Même *Journal officiel*, page 3455, lignes 75 à 78, 3ᵉ colonne.)

Alors, toi, de plus en plus troublé, tu tourneras fièvreusement la page, croyant, de bonne foi, lire un *bulletin financier*.

Pas du tout. Ces mots ne sont pas d'un bulletinier qui perçoit une mensualité du Crédit foncier pour le soutenir;

Ils sont d'un ministre qui perçoit une mensualité de l'État (dont tu es) pour l'éclairer.

Alors tu resteras immobile d'effarement, et tu te demanderas si, décidément, la morale et l'honneur sont bannis de ce monde!

Quoi! un ministre monte à la tribune pour déclarer au monde :

Qu'il n'existe pas de valeurs mieux garanties que les 1.500 millions d'obligations du Crédit foncier?

Vraiment, voici qui me donne une pauvre idée du billet de la banque de France, du 3 p. 100, du 4 et du 4 et demi p. 100 et du 5 p. 100!

C'est une honte que cet audacieux étalage, en pleine tribune parlementaire, de l'ulcère qui infecte tous nos journaux, et que l'on appelle le Bulletin financier.

Ainsi, il était donné à la Républiqne d'avoir le bulletin financier ministériel, ou mieux : le ministère du bulletin financier !

Ce n'était donc point assez que de posséder déjà : le bulletin financier du *Messager de Paris*, celui de la *Semaine financière*, celui du *Journal des travaux publics* et même celui du *Journal des Débats* qui sont ministériels ?

N'était-ce point assez que de posséder une foule d'autres journaux qui *renseignent* le public en créant les ténèbres sur l'agiotage ?

Cette vaste organisation, basée sur l'obscurantisme, entre-t-elle donc dans les vues du gouvernement ?

Laissera-t-il longtemps encore la ruine des sociétés anonymes se juxtaposer à la fortune des administrateurs? ne fera-t-il pas une loi préservatrice des intérêts publics?

Enfin faut-il donc que ce soit celui qui est revêtu d'une compétence spéciale pour sauvegarder les intérêts du pays qui vienne avouer, dénoncer en pleine tribune :

Que le contrôle tue le crédit?

Mais alors, pourquoi contrôler le budget?

Car, d'après le ministre, le budget vivant de crédit, le budget contrôlé, c'est le crédit tué; donc c'est le budget détruit! donc c'est la France ruinée!

Or, depuis 87 ans nous contrôlons le

budget ; je ne m'étonne plus si nous sommes écrasés.

Tout s'explique :

Aggravation des impôts, aggravation des dépenses, emprunts, indemnités de guerre, depuis 87 ans nous ne cessons d'*assassiner* tout cela annuellement, et surtout depuis que nous votons le budget !

Et toutes ces pauvres Assemblées qui croyaient, les naïves, exercer leur mandat et remplir un devoir en discutant le budget, les voilà bel et bien accusées d'avoir été les *agents les plus actifs de la désorganisation financière de la France.*

Enfin cette brillante vérité ne surgit qu'au mois de mai, en l'an de grâce 1876.

— Et à propos de quoi ?

— A propos du Crédit foncier !

Voyons, peuple! cet avertissement, cet aveu ministériel ne t'éclaireront donc pas?

Comprendras-tu enfin que, dans cette région occulte où l'on *travaille* tes finances, on ne prépare que ta ruine?

Ne comprendras-tu pas qu'en te faisant accroire à des gains mystérieux, qu'on les surnomme loterie ou qu'on les avoue agio, on te soustrait cet argent que tu crois donner volontairement?

Si tu veux t'éclairer enfin, si tu veux savoir la vérité, lis les pages suivantes, et ne te laisse pas rebuter, je t'en prie, si tu aperçois quelques chiffres.

Surtout n'imite pas les imbéciles qui croient que les grosses questions d'argent ne les regardent pas.

Quand elle n'est pas le produit du *tra-*

vail, toute concentration d'espèces entre des mains privilégiées, c'est une partie de ton pain qui t'échappe.

Défends donc ta vie, malheureux ! et ne te désintéresse pas des grosses affaires qui ne te semblent *au-dessus* de toi que parce que tu es *dessous*.

Monte vers elles, pour les creuser, avant qu'elles ne descendent vers toi pour t'écraser.

II

MENSONGE!

Sache-le donc :

Non, les 1.500 millions d'obligations du Crédit foncier qui circulent dans le pays ne sont pas les mieux garanties contre les fautes ou les exactions des directeurs de cet établissement de concentration politique.

En voici la preuve :

D'abord, que représentent ces 1.500 millions? Aux termes de la loi, ils ne peuvent représenter que le montant du prêt consenti.

L'article 14 de la loi constitutive des crédits fonciers, en date du 28 février 1852, toujours en vigueur, dit, en effet :

« *La valeur des lettres de gage ne peut dépasser le montant des prêts.* »

Or, *toute obligation est lettre de gage.*

Prenons un exemple.

En novembre 1872, le Crédit foncier prêta aux départements une somme d'argent représentée par 400.000 obligations.

Ces obligations furent appelées *Communales-Départementales.*

Nominalement elles représentent 300 fr. ; effectivement, et sans compter la commission mystérieuse aux intermédiaires,

265 francs; donc, pour un prêt nominal de 120 millions, on ne pourrait encaisser que 106 millions.

A-t-on donné les 106 millions aux emprunteurs? Alors ceux-ci ne doivent que 106 millions; et les obligations jetées dans le public représentant 120 millions, *elles excèdent la somme prêtée.*

Si, au contraire, ils doivent le chiffre nominal, c'est une violation statutaire, c'est de l'usure; mais, dans les deux cas, il y a toujours une infériorité du montant du prêt à l'égard du montant des titres mis en circulation.

Dira-t-on que les emprunteurs peuvent se libérer en obligations?

Dans ce cas, le Crédit foncier les reçoit au pair, c'est-à-dire à 300 francs.

Qui donc supporte la différence? Cette

différence, qui est de 14 millions pour la totalité du prêt, est supportée par le prêteur; mais il peut se faire que, dans l'intervalle, les obligations à 265 francs aient monté.

Alors la différence s'aggrave et pèse sur le contribuable municipal ou départemental, qui est emprunteur.

Par conséquent et dans tous les cas, la somme prêtée n'est pas représentée par la somme due, et cela est vrai en transportant tour à tour à tous les contractants la qualité de créancier ou de débiteur, ce qui revient à suivre dans tous ses voyages le titre représentatif de la créance circulante.

Ceci étant posé, recherchons la nature des différents prêts composant le total de 1.500 millions, accusé par le ministre des finances dans la séance du 19 mai 1876.

La nomenclature des diverses émissions faites par le Crédit foncier nous donne les résultats suivants.

1853. Obligations de 1.000 francs 3 p. 100 avec coupures diverses.	200 millions.
1863. Obligations 4 p. 100.	44 —
1863. Obligations communales 3 p. 100.	75 —
1872. Communales - départementales 5 p. 100.	120 —
1875. Communales - départementales 4 p. 100.	100 —
Total.	539 millions.

1854, 1875. Emissions mystérieuses, emprunt, loterie, obligations non cotées en bourse, etc. . . .	961 millions.

Ce qui donne alors le total de 1.500 millions accusé par le ministre.

Ce montant est *nominal* comme créance à recouvrer, mais *réel* comme dette à solder.

Maintenant quels sont les prêts servant de bases à ces émissions diverses?

Au 31 décembre 1874, et d'après des documents officiels émanés de la société du Crédit foncier, cet établissement avait prêté en totalité depuis sa fondation :

1° Sur hypothèques	1.195.151.071 fr.
2° Aux communes.	769.451.083
Au total.	1.964.602.154 fr.

Les remboursements effectués par les emprunteurs avaient réduit ce chiffre à 1.316.803.773 francs.

Et à la même date, la circulation des obligations était, après la réduction que comportaient les remboursements :

1° En obligations foncières. .	861.920.064 fr.
2° En obligations communales	442.971.058
Au total.	1.304.891.122 fr.

Donc, d'après ces chiffres, la circulation était *inférieure* de 11.912.651 francs au montant des prêts consentis. Eh bien ! à cettedite époque, ce n'était là qu'une situation fictive, comme le démontrera bientôt la suite de ce travail.

Afin d'éviter toutes les objections que l'on pourrait tirer de situations ou d'époques exceptionnelles, soit concomitantes, soit postérieures à 1870, nous allons dénombrer les hypothèques sérieuses qui, avant cette date, représentaient la circulation des obligations si *merveilleusement*, si *uniquement garanties*, à ce que dit le bulletin officiel.

Pour bien asseoir notre démonstration et la rendre claire aux yeux de tous, nous prendrons, comme l'a fait un remarquable statisticien, dans une série d'articles publiés par la *Réforme financière* de 1871, la période de cinq années qui s'est écoulée de 1865 à 1869, période qui a été citée comme étant celle de la plus haute prospérité du Crédit foncier de France.

Cinq sortes d'opérations y sont indiquées et puisées dans les documents officiels.

Pour les cinq années en question, elles se résument de la manière suivante :

1° Prêts hypothécaires à longs termes.	478.865.480 fr.
2° Pour le drainage.	390.350
3° Pour l'Algérie.	3.537.800
3° Prêts communaux : Départements 75.334.874 fr. Paris. . . . 417.000.000 . . .	492.334.874
Total.	975.128.204 fr.
5° Avances sur obligations foncières et sur ouvertures de crédit. — Escompte des effets du sous-comptoir des entrepreneurs et *produits divers*.	833.000.000 fr.
Total.	1.808.128.204 fr.

Comme on le voit, en 1869 nous retrouvons, à 156 millions près, le chiffre total des prêts, énoncé en 1874, et *sans déduction des remboursements !*

De plus nous nous occupons, non des dix-sept années d'exercice 1852 à 1869, mais seulement des cinq années de 1865 à 1869.

Les hypothèques qui garantissent ces 1.800 millions de prêts sont-elles toutes sérieuses ?

Non ; car nous ne saurions admettre, comme étant à l'abri de tout aléa, que les seules hypothèques immobilières.

Et celles-ci ne figurent que pour 975 millions contre une circulation minimum de 1.300 millions d'obligations.

Il y a donc 833 millions d'opérations faites sans garantie foncière, par conséquent aléatoires, au même degré que les opérations de banque formellement interdites par les statuts du Crédit foncier.

Or admettons, ce qui est possible, sinon probable, — mais il nous suffit que ce soit possible, — que les 833 millions d'opérations ainsi groupées d'une façon mystérieuse subissent une faillite ou une banqueroute.

Alors comment seront garantis les 1.300 millions de circulation, ou même les 1.500 millions actuels ?

Vienne une Commune (et elle est venue), et le sous-comptoir des entrepreneurs ne pourra tenir ses engagements, de même que l'Immobilière ou le Crédit mobilier (1).

____

(1) Il y a plus : sans les adjurations du Crédit foncier, tremblant pour ses annuités, il est probable que l'Assemblée nationale aurait voté une loi plus raisonnable sur les loyers, et aurait retiré à la Commune ce facile moyen de popularité.

Vienne une banqueroute turque ou égyptienne, et le Crédit agricole, la Société algérienne, ces pompes aspirantes des capitaux du Crédit foncier, seront en déroute et en danger de mort.

Dans ce cas, pour parer au service et au remboursement des 1.300 ou 1.500 millions de *lettres de gage*, qu'y aura-t-il ?

Il y aura 975 millions dont il faudra attendre l'exécution, avec frais, dépréciation et le reste, plus le capital social, que nous voulons bien supposer intact, soit 90 millions, soit enfin en totalité : 1.065 millions.

Déficit : 235 millions dans un cas, 435 dans l'autre, et enfin 480 millions si le capital est compromis.

Or les exécutions ont eu lieu : témoin les difficultés avec la Société immobilière ;

puis sont venues aussi les complications orientales à ajouter aux insurrections arabes.

Et enfin la crise actuelle.

Qu'on médite bien ceci :

Il n'y a d'annuités sérieuses (et nous sommes généreux en leur donnant cette qualification) que celles des 975 millions placés sur hypothèques.

Or ces annuités ne peuvent excéder statutairement 6^f,06 p. 100, ou net 5 p. 100 en moyenne.

Aussi, la moyenne du service des obligations étant de 4 1/2 p. 100 par an, on obtiendra :

En recettes 5 p. 100 sur 975 millions, soit.	48.750.000 fr.
En dépenses 4 1/2 p. 100 sur 1.300 millions, soit.	58.500.000
DÉFICIT ANNUEL. . . .	9,750.000 fr.

Au surplus, d'après le bilan officiel ar-
rêté au 31 décembre 1875, les prêts de
toute nature (déduction faite des remboursements) s'élevaient à 1.416 millions. Or
la circulation des obligations étant 1.451
millions (rapport p. 2 et 4, annexe p. 50),
elle dépasse de 35 millions le montant des
prêts; donc *violation* des *statuts*.

Et c'est après de pareils calculs, dont
nous n'avons pas l'outrecuidance de nous
accorder le monopole, ni la fatuité de nous
croire seul capable, qu'on vient dire officiel-
lement, parlementairement :

Les obligations du Crédit foncier sont les
valeurs les *mieux garanties !*

Cela est à peine croyable !

———

III

DANS QUEL INTÉRÊT?

D'ailleurs pourquoi cette déclaration?

Est-elle faite pour prévenir une panique des petits rentiers auxquels, depuis plusieurs années, les bulletins financiers, subventionnés par le Crédit foncier, ont insinué, petit à petit, toutes les obligations de diverse nature qui *circulent*, les unes étant difficiles, les autres impossibles à manier en bourse?

Mais ces petits rentiers, disséminés dans les départements et dans les campagnes, et généralement fort éloignés des centres d'information, ne seront à même de vendre, s'ils le peuvent, que lorsque la débâcle aura eu lieu.

Ce ne sont donc pas leurs ventes de la première heure qui sont à craindre, mais au contraire celles de la spéculation parisienne.

Les vrais porteurs ne causeront donc pas le sinistre, mais ils le subiront.

Et voilà justement ce qu'il faut empêcher en contrôlant immédiatement les actes de la Société.

Cette même déclaration a-t-elle été faite pour empêcher quelques établissements ou quelques particuliers de Paris d'acheter à bas prix les obligations dépréciées et de les donner au pair pour se libérer envers le Crédit foncier qui les lui a imposées à 25 p. 100 au-dessous du pair?

Alors ceci est un intérêt de boutique et atténue singulièrement la portée d'une déclaration d'*état* étant à la fois ministérielle et parlementaire.

Est-ce enfin pour protéger les actionnaires, ces ennemis-nés des obligataires, ceux-ci étant *leurs créanciers?*

Mais les actionnaires sont des joueurs pans le sens commercial du mot.

Ils savent et peuvent se protéger eux-mêmes. D'ailleurs, ils étaient prévenus qu'ils couraient un aléa.

En plaçant leur argent en *actions*, ils ne pouvaient ignorer qu'ils subiraient des aventures et que contre un capital certain ils allaient chercher des gains aléatoires.

Au surplus, ils ont été exceptionnellement favorisés jusqu'ici, et quand on leur demanderait le versement exigible de 250 francs par action, même après avoir versé par conséquent 500 francs, non-seulement ils se trouveraient n'avoir rien sorti de leur poche, mais encore ils conserveraient un bénéfice énorme sur un capital non aventuré.

En effet, voici précisément quels sont leur rôle et leur situation.

Le but unique, le seul avoué qui présida à la création d'un crédit foncier fut la régularisation et l'épuration du prêt sur hypothèque.

Ce fut donc un mont-de-piété de la propriété foncière.

Mais, pour prêter, il fallait d'abord réunir une certaine masse de capitaux.

C'est pourquoi on créa un fonds social *actions*. C'est avec ce capital qu'on devait faire face aux frais et aux avances sur gage foncier.

Mais on comprend qu'après avoir absorbé en prêts le fonds social, on aurait été forcément restreint.

Or on voulait au contraire étendre indéfiniment la prestation hypothécaire.

Pour atteindre ce but, il fallait évidemment ne pas immobiliser le capital, lequel, une fois enfoui dans un gage immobile, n'en serait revenu qu'après un temps fort long; donc on dut créer un signe mobile du gage, et ce signe s'appela : *lettre de gage ou obligation.*

En fractionnant ainsi par parties de

1.000 francs, de 500 francs et même de 100 francs le capital prêté, on faisait de chaque obligataire un créancier hypothécaire, situation sûre et fort recherchée.

On répandit donc parmi le public les obligations contre argent, et cet argent, revenant au fonds social, devait servir à faire de nouveaux prêts.

La première faute commise à ce moment fut de donner une créance hypothécaire contre une somme d'argent moindre que celle qu'elle représentait.

Car quel est le créancier hypothécaire qui, 100 francs lui étant dus, consentira à les céder pour 75 francs, à moins que la créance ne soit douteuse?

C'est là pourtant ce que n'a cessé de faire le Crédit foncier, en émettant des obligations au-dessous du cours nominal.

Or cette première faute l'entraîna bientôt à en commettre d'autres, en ayant recours au jeu pour retrouver la prime concédée à l'obligataire souscripteur ou acheteur.

Quoi qu'il en soit, le groupe actionnaire était parvenu à se substituer onéreusement une masse de petits capitalistes qui, individuellement, n'auraient pu prêter les sommes demandées, et qui les composaient par leur collectivité.

Bientôt les actionnaires versant dans l'agiotage exigèrent de gros dividendes.

Alors arriva le moment funeste où, au lieu de n'émettre des obligations qu'*après* l'opération du prêt effectué, on les émit *avant*, et pour faire ce prêt lui-même, et cela sans demander au capital-actions tout ce que celui-ci était tenu de lui fournir.

Honnêtement et logiquement, un tel mode de procéder est inacceptable.

Mais *pratiquement*, c'est-à-dire dans un ordre d'idées tout différent et en tenant compte de la fièvre agioteuse qui dévore les financiers, la chose est plus facile à expliquer.

Un appel sur le capital eût inévitablement impressionné le cours des actions sans amener aucune perception de primes.

Tandis que l'émission d'obligations élevait cette perception à l'état de fait habituel et normal, d'où aussi une source habituelle et normale de profits, tout à fait en dehors de l'institution elle-même, et qui n'entraient pas dans ses bilans.

Nous ne pouvons, à cet égard, nous empêcher de remarquer combien ont été disproportionnés les dividendes perçus par le capital-actions.

Et pendant que ce capital prospère, est à l'abri de toute perte réelle, voici que la propriété foncière n'a cessé de souffrir, et que les obligataires tremblent.

Emprunteurs et prêteurs substitués sont menacés ; les intermédiaires seuls seront intacts.

Mais pourquoi donc cette flatterie, cette caresse perpétuelle adressée aux action-naires, et pourquoi, au contraire, cette dureté, cette ladrerie, cette brutalité pour les obligataires et pour leur gage ?

Hélas ! il faut bien l'avouer :

Les obligataires et les emprunteurs n'ont rien à voir dans les assemblées générales, où néanmoins s'agitent leurs plus sérieux intérêts.

Tandis que leurs ennemis, les actionnaires, composent seuls lesdites assemblées générales.

Ceux-ci sont à la fois et joueurs et croupiers. Réunis pour attirer à eux l'épargne en pierre, en récolte ou en argent, afin de l'accumuler au profit de leur collectivité, ils n'ont cessé de diriger leurs actes dans le sens d'une hostilité flagrante et impitoyable contre l'universalité des capitaux.

Or ceci tient non-seulement à ce qu'on est convenu d'appeler la gestion financière, mais encore à une visée absolument politique, comme nous le verrons plus bas.

IV

L'ENVERS DE LA PHILANTHROPIE

Les fondateurs du Crédit foncier ont déclaré avoir voulu faire une œuvre philanthropique et utilitaire.

C'était le but de M. Wolowski, à qui d'abord la haute direction du Crédit foncier avait été confiée, et qui se retira bientôt devant l'ingérance impériale.

L'éminent économiste aurait dû compléter sa protestation en ne conservant pas jusqu'en 1874 le titre et les fonctions d'administrateur.

Quoi qu'il en soit, après M. Wolowski, le Crédit foncier entra à pleines voiles dans l'océan de l'agiotage, de l'usure et des jeux de hasard.

Si bien qu'en 1873 la ruine actuelle était déjà écrite depuis longtemps dans les opérations de cette institution.

Et cependant les censeurs ont osé écrire dans leur compte rendu de cette année 1873, page 9, qu'ils avaient, eux aussi, « en vue un intérêt public bien plus que « des intérêts particuliers ».

Contrôlons cette affirmation, au risque de *tuer* une fois de plus *le crédit*, comme le prétend le bulletinier ministériel du palais de la rue Neuve-des-Capucines.

Depuis 1852 jusqu'à ce jour, le *minimum* des répartitions faites aux actions a été :

En 1870. . . . . 5 p. 100,
En 1853. . . . 7 p. 100.

Entre ces deux dates, la marche ascendante a été continuelle, c'est-à-dire que, entre 1853 et 1869, cette répartition fut toujours supérieure à 7 p. 100.

En 1869, elle a été de 29 p. 100, la moyenne ayant été 20 p. 100.

Ces proportions sont calculées sur le capital versé, qui est seulement de 250 francs par action.

Si, au lieu d'avoir fourni 250 francs, l'action avait été libérée de 500 francs, ces dividendes magnifiques auraient subitement été réduits de moitié, et n'auraient atteint que 14 p. 100.

Ce qui eût été encore un joli bénéfice.

Mais alors les actions, au lieu de monter successivement à 1.800 francs, contre 250 francs versés, avec une plus-value de 1.550 francs, auraient seulement atteint 900 francs, avec une plus-value de 650 francs.

Car voici comment raisonnent ceux qui fréquentent le Marché des fonds publics :

« Voici un revenu de 29 p. 100.

« Que vaut la rente 3 p. 100 ?

« Elle vaut 72f,05 (c'est le cours de 1869).

« A ce taux le 3 p. 100 est du 4 p. 100.

« Donc il faut élever la valeur du capital « auquel la répartition attache un revenu « de 29 p. 100, de telle façon qu'il ne soit « pas plus avantageux que la rente, ou à « peine autant. »

Et en effet, le dividende de 1869 ayant été de 72^r,50 pour 250 francs versés (29 p. 100), en portant le capital de l'action à 1.800 francs, le dividende 72^r,50 ne constitue plus qu'un revenu de 4 p. 100, puisque, au lieu de le répartir sur le chiffre réel de 250, on le répartit sur le chiffre conventionnel de 1.800 francs.

Des coups de hausse ainsi motivés n'ont jamais manqué leur effet en bourse.

Mais les statuts qui permettent aux administrateurs de savoir d'avance et les premiers quel est le dividende qu'ils vont attribuer, de telle sorte que, s'ils étaient moins délicats, ils pourraient spéculer à *coup sûr*, ces statuts sont mauvais. C'est là la plus sévère critique que l'on puisse adresser à nos lois sur le crédit.

Or, je l'ai dit dans la *Haute Banque et*

les révolutions, p. 270 : « Les *gouverne-ments, quels qu'ils soient*, ne devraient pas pouvoir être soupçonnés de spéculer *à coup sûr*. »

Voici, en effet, un exemple du gain réalisable par le coup de hausse du dividende.

En 1868, l'action du Crédit foncier
était cotée sur le marché au comptant.   1.337 50.
En 1869, elle fut de même cotée. . .   1.800   »
                                         ———————
            Différence. . . . . . .   462 50.

A terme les écarts ont été plus variés, plus nombreux et plus importants.

Ne voit-on pas combien il est facile d'acheter, sans bourse délier, 10.000 actions à 1.337^f,50, et de les revendre ensuite à 1.800 francs?

Par ce procédé on encaisse en peu de temps 4.625.000 francs.

Et où vont ces millions?

Ils ne sauraient aller dans la caisse sociale, car on serait fort embarrassé de les passer en écritures, à moins qu'on ose composer ainsi la rubrique des comptes rendus intitulée : *produits divers*.

Mais non. Cela est peu probable.

Alors...., et comme *il ne faudrait pas violer les statuts*, on garderait ce bénéfice étrange, et non enregistrable aux livres sociaux.

Ceci expliquerait surabondamment ce zèle à donner de forts dividendes aux actionnaires, sans se préoccuper le moins du monde des opérations philanthropiques et utilitaires, pour lesquels on a réuni un capital nominal de 90 millions.

Voilà pourquoi surtout on ne demandera pas à ce capital un centime sur ce qu'il *doit*, pendant que l'on exécutera sans pitié les débiteurs ruraux, urbains et autres en retard d'annuité, auxquels néanmoins on aura prêté au *pair* des obligations perdant le plus souvent 25 p. 100.

Et après cela on ose dire :

« Qu'on a en vue bien plus les intérêts publics que des intérêts particuliers ! »

Quelle immense flagornerie !

A la lecture de ces démonstrations, il ne manquera pas de gens indignés qui, prosternés devant les puissances de l'argent, les *veaux d'or* de notre XIX⁰ siècle, s'écrieront :

Comment ? les administrateurs du Crédit foncier auraient pratiqué de telles manœuvres !

Pardon, Messieurs, je ne dis pas cela, mais il me suffit, pour la critique de l'institution elle-même, d'avoir prouvé *qu'ils ont pu agir ainsi*, et que s'ils *n'ont pas agi ainsi*, cela n'a dépendu que de leur VOLONTÉ SEULE.

Mais enfin, Crédit foncier mis à part, voici des gens habiles.

Habile est l'euphémisme employé en matières de finances pour qualifier les opérations les plus variées.

Or M. de Soubeyran a des devoirs exceptionnels comme gouverneur du Crédit foncier ; mais comme gouverneur du Crédit agricole, il est libre !

Enfin, il a été un lutteur athlétique, et il a terrassé, je crois, le célèbre Philippart.

Si ce n'est pas comme administrateur du Crédit foncier, peut-être est-ce comme administrateur du chemin de fer du Nord ?

Là, rien à blâmer, rien à dire, il n'y a

pas de gage hypothécaire à compromettre.

Par conséquent, quel reproche peut-on lui adresser ?

Enfin, comme je tiens essentiellement à dégager la responsabilité des administrateurs du Crédit foncier, en ce qui concerne leur *habileté* comme chargés des intérêts de la dette hypothécaire française, voici la liste complète des sociétés auxquelles ces remarquables philanthropes accordent *gratuitement* leurs soins et leurs capacités.

Car je ne parle que pour mémoire des jetons de présence qui peuvent bien s'élever à 1.000 francs par an.

Vraiment, que ne font-ils grève ? C'est là, en effet, un salaire bien peu rémunérateur.

Enfin, que voulez-vous ? C'est de la philanthropie.

Voici donc la liste annoncée; elle est arrêtée en 1872, période la plus intéressante à étudier.

M. Fremy appartenait au Crédit foncier.
au Crédit agricole.
à la Société générale algérienne.
au Crédit foncier d'Autriche.
à la compagnie *le Soleil*.
à la compagnie française des Assurances maritimes.
à la compagnie des Dombes et du chemin de fer du Sud-Est.
aux mines de Campagnac.
aux docks de Marseille.
aux glaces de Saint-Gobain.

En tout 10 sociétés.

M. de Soubeyran appartenait au Crédit foncier.
au Crédit agricole.
à la Société générale algérienne.
au Crédit foncier d'Autriche.
au chemin de fer du Nord.

En tout 5 sociétés.

M. Leviez appartenait au Crédit foncier.

> au Crédit agricole.
> à la Société générale algérienne.
> à la banque de Paris et des Pays-Bas.
> à la compagnie *le Soleil*.

En tout 5 sociétés.

M. Bartholony appartenait au Crédit foncier.

> au Crédit agricole.
> au Comptoir d'agriculture.
> au lloyd français.
> au chemin de fer d'Orléans.
> au chemin de fer de Paris-Lyon à la Méditerranée.
> au chemin de fer du Sud-Autriche-Italie.
> aux Quatre-Canaux.
> aux forges et chantiers de la Méditerranée.
> à la compagnie générale des Marchés.

En tout 10 sociétés.

M. Benoit d'Azy appartenait au Crédit foncier.

> au Crédit agricole.

à la banque de la Guya-
ne française.

au chemin de fer d'Or-
léans.

au chemin de fer de
Paris-Lyon à la Mé-
diterranée.

aux mines de la Grand-
Combe.

aux forges d'Alais.

aux houillères de Com-
mentry.

En tout 8 sociétés (1).

M. Dailly appartenait au Crédit foncier.
au Crédit agricole.
au chemin de fer de l'Ouest.
En tout 3 sociétés.

MM. Dumas et A. Magne (2)
appartenaient seulement au Crédit foncier.
au Crédit agricole.

M. West appartenait au Crédit foncier.
au Crédit agricole.
à la société de Crédit industriel et commercial.

(1) En outre, en 1875, au Comptoir d'agriculture.

(2) En outre, en 1875, au Crédit industriel et commercial et au chemin de fer d'Orléans.

au Crédit foncier colonial.
au chemin de fer de Paris-Lyon-Méditerranée.
aux messageries maritimes.
aux mines de la Loire.
En tout 7 sociétés.

M. Wolowski appartenait au Crédit foncier.
au Crédit agricole.
à la Société générale.
En tout 3 sociétés.

M. Ch. Mallet appartenait au Crédit foncier.
au Crédit mobilier (1).
au Crédit foncier d'Autriche.
à la banque ottomane.
à la compagnie *l'Union*,
au chemin de fer de Paris-Lyon-Méditerranée.
aux chemins autrichiens.
aux docks de Marseille.
aux glaces d'Oignies.
En tout 9 sociétés.

M. Alph. Baroche appartenait au Crédit foncier.
au Crédit agricole.

(1) A cessé depuis 1872.

au Crédit industriel et
commercial.
En tout 3 sociétés.

M. De Beauchamp appartenait au Crédit foncier.
au Crédit agricole.
aux houllières d'A-
hun.
aux charbonnages
d'Arsimont.
En tout 4 sociétés.

M. Bordeaux appartenait au Crédit foncier.
au Crédit agricole.
au Crédit foncier colo-
nial.
En tout 3 sociétés.

M. Boudet appartenait au Crédit foncier.
au Crédit agricole.

M. de Germiny appartenait au Crédit foncier.
au Crédit agricole.
à la Banque de France.
à la Banque ottomane.
au chemin de fer de
l'Ouest.
En tout 5 sociétés.

MM. Guyon, Josseau (1), G. Rouland, J. Yver, E.

(1) Avocat; a donné sa démission en 1875 par
scrupule professionnel. (*Rapp. off.*, p. 21.)

Pascal appartenaient seulement au Crédit foncier.
                              au Crédit agricole.

MM. Muret, C. Cotelle ap-
    partenaient   seulement au Crédit foncier.
                              au Crédit agricole.
                              au Comptoir d'agricul-
                              ture.

M. Louis Passy appartenait au Crédit foncier.
                              au Crédit agricole.
                              au Crédit foncier colo-
                              nial.
                              à la Société générale.
                              à la société *la Con-
                              fiance*.
    En tout 5 sociétés.

M. Darblay appartenait au Crédit foncier.
                              au Crédit agricole.
                              à la compagnie centrale
                                 d'Assurances maritimes.
                              à la Banque de France.
    En tout 4 sociétés.

M. Paravey appartenait au Crédit foncier.
                              au Crédit agricole.
                              aux forges d'Alais.

M. Le Tellier de La Fosse appartenait
                              au Crédit foncier.
                              au Crédit agricole.

Ainsi, sur 27 administrateurs du Crédit foncier, un seul n'appartenait pas au Crédit agricole, et 9 seulement pouvaient partager leur temps entre le Crédit foncier et son annexe.

Tous les autres étaient surchargés :

2 avaient 10 sociétés à gérer ; 1 en avait 9 ; 1 en avait 8 ; 1 en avait 7 ; 4 en avaient 5 ; 2 en avaient 4 ; 7 en avaient 3 ; 9 en avaient 2.

Voilà donc 40 sociétés qui se rattachent directement ou indirectement par leurs administrateurs communs au Crédit foncier.

Voilà 40 sociétés qui n'ont pas de secret pour 27 financiers.

Voilà plusieurs milliards qui sont dirigés, déplacés, canalisés par 27 hommes.

Enfin voilà une féodalité imposante, énorme, terrifiante, et qui ne nous console de sa force herculéenne que par la confiance que nous inspirent ses instincts *philanthropiques* (1).

Heureusement, il y a la philanthropie, grand Dieu! Sans cela, que deviendrait le khédive? *que serait devenu le sultan?* et que deviendraient les obligataires et les emprunteurs du Crédit foncier?

Nous allons le rechercher.

(1) MM. Wolowski et Cotelle étaient remplacés en 1875 par MM. Rouland et Thoureau.

V

DIVIDENDES PHILANTHROPIQUES !

Une constatation vraiment surprenante
et de nature à éclairer pleinement les in-
crédules ou les inexpérimentés, toujours
prêts à soutenir les puissances attaquées,
sera évidemment celle qui consiste à dé-
montrer :

« Que les énormes dividendes distribués
« par le Crédit foncier à ses actionnaires

« n'ont jamais été le produit unique et réel

« des opérations statutaires. »

En effet, il est impossible aux administrateurs de le nier, car ils le savent bien eux-mêmes, chaque prêt du Crédit foncier, loin de permettre une distribution de dividendes, constitue au contraire une perte annuelle, s'il est fait régulièrement, c'est-à-dire statutairement.

On ne peut équilibrer les frais que par l'usure, et l'on ne peut les dépasser que par un jeu *calculé*.

Ce n'est donc pas pour les administrateurs que j'entreprends la démonstration suivante :

C'est pour le public ignorant et les actionnaires aveuglés qui croient à la prospérité d'une entreprise, PARCE QU'ELLE DISTRIBUE DE GROS DIVIDENDES.

*Erreur commune et absolument démora-
lisatrice.*

Comme nous l'avons fait jusqu'ici, nous allons établir notre calcul en prenant pour base la période dite la plus prospère, celle de 1865 à 1869.

Nous déclarons d'abord que nous voulons bien considérer comme sincère, le chiffre de 975 millions prêtés et reposant sur des hypothèques sérieuses.

Ceci est une concession, car, dans ce chiffre, figurent les *bons de délégation de la ville de Paris*, et nous aurions trop à dire, si nous voulions traiter cette question si féconde en étrangetés.

D'ailleurs, une de nos prochaines séries étant destinée à élucider les *finances de Paris*, nous aurons l'occasion d'y revenir en détail.

Donc, nous voulons bien admettre que sur le chiffre des avances faites par le Crédit foncier, 975 millions sont placés sur hypothèques *directes*.

Or, quels doivent être statutairement les revenus calculés sur 975 millions de prêt? A ce sujet la loi ne nous laisse aucun doute; ils doivent être au maximum de $7^f,60$ p. 100 par an.

Comprenant :

L'intérêt maximum 5 p. 100 ;

L'amortissement maximum 2 p. 100 ; minimum, 1 p. 100 ;

La commission et les frais, $0^f,60$ p. 100, minimum : $0^f,45$ p. 100.

En réalité, le maximum pratiqué a été $6^f,06$, p. 100 pour l'annuité totale.

. Ce n'est point là un acte de modération de la part du Crédit foncier, mais une nécessité pratique. Car des restrictions étaient mises à la faculté d'élever le taux de l'annuité.

Les unes dépendaient du cours, pendant trois mois, de la rente 3 p. 100, les autres dépendaient de la capacité des revenus de l'immeuble hypothéqué.

Dans aucun cas l'annuité ne devait dépasser cette dernière sorte de revenu.

Donc 6^f,06 p. 100, tel était le revenu forcé des prêts effectués par le Crédit foncier pour les opérations à long terme.

Les bénéfices devaient donc se composer : de l'écart entre l'annuité servie par l'emprunteur au Crédit foncier et l'annuité servie par le Crédit foncier à l'obligataire qui lui est substitué, cette dernière annuité étant augmentée des frais généraux annuels.

Prenons un exemple :

En 1869, les prêts contractés s'élevaient à 1.363 millions.

Le revenu annuel à 6',06 p. 100 donne sur une pareille somme : 82.607.349 fr.

Ce revenu, répétons-le, est *le seul* que pouvait légalement exiger le Crédit foncier.

Il contient tout, même les frais adminis-tratifs, et il est *maximum* (1).

Or, cette même année combien a-t-il été distribué aux actionnaires?

8.700.000 francs.

Ce qui, théoriquement, suppose en recette totale 86 millions;

(1) Le total des *produits* porté au bilan de 1869 (page 27) n'est que de 79.402.087, dont seulement 66 millions et demi d'intérêt perçus sur les prêts.

Savoir :

1° Réserve statutaire.	1.600.000	»
2° Service des obligations calculé à 4 1/2 p. 100 (moyenne) sur le montant des prêts.	61.342.091	
3° Amortissement et frais.	14.449.470	»
4° Enfin distribution ci-dessus aux actions.	8.700.000	»
Donc recette totale.	86.091.561	»
Déduisant la recette légitime. . .	82.607.349	
Il restera une RECETTE INEXPLIQUÉE.	3.484.212	»

Chose remarquable, ce chiffre illégal mais *philanthropique* est presque la moitié du bénéfice des actions !

Ce bénéfice pour 1869 a été : 72^f,50 par action ou 29 p. 100 du capital versé !

Examinons maintenant, pour la seule année 1869, ce qui serait advenu si l'on avait agi légalement et statutairement :

Cette année les prêts s'élevèrent à 164.643.179 francs.

4.

L'annuité statutaire pour une pareille somme est de 9.977.376 francs *tout compris.*

Voici alors le compte de l'exercice :

Frais généraux (ce chiffre est énorme, mais il est déclaré).	3.987.556 »
Service des obligations en circulation calculé à 4 1/2 p. 100	7.402.500 »
Total.	11.390.056 »

et alors :

Recette statutaire. . . .	9.977.376 »
DÉFICIT A DEMANDER AUX ACTIONNAIRES à défaut de réserve.	1.412.680 »

Or il est difficile d'admettre que des déficit annuels puissent composer à la longue des bénéfices de 29 p. 100 par action.

Aussi on se demandera :

Où donc a-t-on pris ces bénéfices ?

S'ils sont pris aux emprunteurs, c'est de l'usure aggravée d'une violation flagrante des statuts, comme de la loi constitutive.

S'ils sont pris aux obligataires, c'est pis : c'est un abus de confiance.

S'ils sont pris à l'aide d'opérations aléatoires, outre que c'est encore une violation de la loi, c'est le *crime du tuteur envers ses pupilles*, car le *Crédit foncier* est aussi le dépôt sacré des fonds des *incapables*, dans le sens juridique du mot.

Étendons nos calculs à la période de cinq années que nous avons prise pour base d'opération.

Pendant cette période, nous l'avons vu plus haut :

Les prêts hypothécaires se sont élevés à.	975.128.204
Et les *opérations mystérieuses* à, .	833.000.000
Au total.	1.808.128.204

Donc en moyenne 361 millions par année.

Or :

Les frais avoués se sont élevés à	18.730.284
Le service des obligations calculé à 4 1/2 p. 100	81.560.000
La réserve de 5 années (moyenne).	5.000.000
Les dividendes distribués (1865-1869). . . . . , ...	37.600.000
Total des profits.	142.890.284

Hé bien, avec un milliard 808 millions de prêts, on n'aurait dû encaisser légitimement en cinq années que 109 millions en moyenne.

Mais, comme nous savons que, sur le total avancé ci-dessus, 975 millions seulement avaient un revenu *certain* et calculable *exactement*, soit, en cinq années, 54 millions 1/2, nous sommes forcés d'imputer la différence des profits aux 833 millions d'opérations en dehors de la constitution du Crédit foncier.

Alors ces opérations auront produit 98 millions 1/2, ce qui est environ 11 p. 100 des capitaux avancés.

A ce prix, c'est du *turc*, mais le *turc* est, comme on sait, sujet à réduction.

C'est ce qui est arrivé au Crédit foncier : Témoin la crise actuelle.

Or c'est à ces opérations seules que le capital-actions devra peut-être de n'être pas entièrement perdu, car nous donnons plus loin, page 78, un calcul établissant que, *statutairement*, le capital entier devrait être disparu par le seul fait d'avoir prêté 772 millions. Or on a prêté 1 MILLIARD 900 *millions* depuis l'origine! De sorte que le Crédit foncier est placé dans cette alternative : ou d'avouer la violation flagrante de sa loi constitutive, ou de dénoncer la perte de son capital.

Mais dans tous les cas nous craignons que l'article 93, prévoyant la dissolution et la liquidation, ne soit devenu applicable.

IV

LA MACHINE POLITIQUE.

L'Empire a eu cette adresse, c'est que, toutes les fois qu'il a voulu escroquer le public, il a su trouver un prétexte philanthropique, humanitaire et même socialiste !

Il a su prouver aux populations qu'il les enrichissait en les dépouillant.

Jamais on n'aurait pu croire que le charlatanisme politique pourrait atteindre ce degré d'intensité et ce maximum de puissance.

Après avoir *sauvé* la société en la fusillant le 2 décembre, les Mandrins résolurent de la *réduire à la mendicité* en créant d'énormes engins de raréfaction métallique.

Tel s'est présenté à eux le mont-de-piété de l'immeuble, qu'ils ont nommé : le Crédit foncier de France.

Tout d'abord on s'était dit :

Soyons conservateurs. Attirons à nous la propriété, puisque 89 l'a morcelée.

Détruisons l'œuvre de 89, à notre profit.

Pour aller plus vite en besogne, créons une procédure exceptionnelle, rapide, par privilége, afin d'exproprier, plus rapidement aussi, le propriétaire qui ne pourra payer son annuité.

Par ce moyen, nous arriverons directement ou indirectement à être nous-mêmes propriétaires des 3/4 de la France à un moment donné.

Ce projet d'accaparement fut à ce point que d'abord l'État subventionnait l'institution aspirante.

Il se sacrifiait !

Il prenait soin des intérêts de la propriété !

Mais que devenait pendant ce temps-là le prix Montyon, puisqu'on ne le décernait pas au restaurateur de la propriété foncière ?

En vérité la morale est bien aveugle.

Et le public imita la morale.

Ce bloc enfariné ne leur disant rien qui vaille, les propriétaires firent grève et flairèrent un piége.

Les impériaux se dirent alors :

Le piége est trop direct.

Mais il y a la bourse.

Ne négligeons pas cet engin noir et caverneux, où les plus malins s'égarent.

Ces entêtés ne veulent pas nous apporter leurs terres ?

Nous allons leur prendre leur argent.

Alors César fit cette autre genèse :

« Il dit :

« Que le Crédit foncier soit une banque.

« Et le Crédit foncier fut une banque.

« Il dit encore :

« Qu'il joue, qu'il escompte, qu'il agiote.

« Et le Crédit foncier joua, escompta,
« agiota.

« Il dit enfin :

« Il n'y a qu'une porte d'entrée ? qu'il
« y ait une porte de sortie ! Il n'y a qu'une
« cave ? qu'il y ait des souterrains !

« Et la porte de sortie s'appella le *Crédit*
« *agricole* et les souterrains furent le *Sous-*
« *Comptoir des entrepreneurs* et la *Société*
« *générale algérienne.* »

Alors César se reposa.

Et l'*Orient* se leva de lui-même à l'horizon !

Imaginez, mes amis, que la dette hypothécaire de France, qui a servi de base à la création d'un *Crédit foncier*, ne s'élève pas à moins de 12 milliards ! Quel champ vaste ! disait César.

Et en effet c'était tentant.

Eh bien ! depuis 24 ans, le Crédit foncier n'a pu dépasser 2 milliards de prêts !

Quelle désillusion ! gémit César.

Mais quelle vaste spoliation ! dirons-nous, car si la dette hypothécaire n'est pas toute aux mains du Crédit foncier, quelle hécatombe de millions n'a-t-il pas faite !

Il n'a pas pris la terre, mais ce qui la représente.

Ce n'est pas tout à fait la même chose ;
Mais cela n'en est pas moins terrible.

Car la terre est là ! oui, mais où sont les bras ?

Les bras de l'agriculture sont coupés, les villes sont gorgées, et la faim est là béante !

Le Crédit foncier, pompe aspirante de l'épargne, est aussi état-major politique.

Ses employés sont une armée.

Il nourrit en effet 860 employés coûtant à eux seuls 2 millions 1/4 par année.

Voilà 860 voix qui deviennent par les tenants et les aboutissants 8.600 voix plébiscitaires ! Et voyez l'étrangeté !

Les prêts hypothécaires ont toujours diminué depuis 1865.

Mais le personnel a toujours augmenté depuis cette époque.

En 1865, il coûtait 1 million 1/2 par an.

En 1869, il coûtait 2 millions 1/4 par année.

En 1870 devait avoir lieu le plébiscite.

Or, ce qui se révèle dans l'unité-Crédit-foncier serait assurément démontré dans l'universalité des machines financières de l'Empire.

Car tout le secret de la politique intérieure de *César* était le fonctionnarisme à outrance.

180.000 actionnaires et 8.600 voix salariées, c'est un joli denier dans une urne! mais il faut les payer, surtout à la veille du plébiscite; aussi en 1869 le dividende fut 29 p. 100, — et cependant la ruine du Crédit foncier était si clairement écrite dans ses statuts qu'il est presque bête de la prouver en détail.

Voici néanmoins un calcul qui n'a jamais été produit et que nous annonçons plus haut.

Admettant que le Crédit foncier, s'étant renfermé dans les statuts, n'ait honnête-ment perçu que l'annuité prévue, et ait banni tout agiotage extraordinaire :

Avec le seul système d'émission des let-tres de gage *au-dessous* du taux nominal, savez-vous où il serait arrivé?

A perdre deux fois son capital dans ses 1.900 millions de prêts; en effet :

Après avoir prêté seulement 772.286.100 francs sur hypothèques, et avoir émis, pour *une même somme*, des obligations à 265 francs remboursables à 300 francs, il n'au-rait encaissé que 682.286.100 francs.

Or la différence entre les prêts   772.286.100
Et la substitution. 682.286.100

Étant. 90.000.000

Tout son capital social aurait disparu en primes de placement !

Ce fait, qui paraît bizarre et qui n'est que mathématique, a été accompli par d'autres procédés.

Si l'on pouvait faire le dénombrement des pertes subies par les actionnaires à l'aide de ce seul jeu qui consiste à annoncer, démentir, espérer, affirmer un futur gros dividende, on trouverait que les actionnaires actuels ne sont que le résultat d'un déplacement de fonds, et que les actionnaires primitifs ont perdu en *différences* le capital qu'ils avaient servi sur la promesse d'un monopole exceptionnellement alléchant.

Du reste, et si peu sympathiques que fussent certaines assemblées générales, il faut reconnaître qu'elles ont été souvent traitées en esclaves.

Il existe notamment un décret impérial daté du 21 décembre 1853, qui dit en propres termes :

« A défaut d'acceptation par l'assemblée « générale dans le délai de deux mois, à « partir de ce jour, le Crédit foncier de « France sera déchu du bénéfice du présent « décret. »

Or le bénéfice en question c'était, entre autres choses, une *réduction de la subvention payée par l'État.*

On a toujours menacé ce monopole d'une concurrence, si les prêts n'atteignaient pas promptement un chiffre déterminé.

Avec cette menace on avait tout ce qu'on voulait de l'institution.

Aussi a-t-il fallu prêter quand même, et comme les prêts statutaires ne parvenaient pas à remplir les conditions exigées, on a prêté sans affectations hypothécaïres.

On a même été autorisé à le faire *par un décret impérial*.

De sorte que c'est au gouvernement impérial lui-même qu'on doit faire remonter la première responsabilité des opérations douteuses du Crédit foncier.

Or César savait ce qu'il faisait lorsqu'il favorisait ainsi la création et le développement d'une foule de puissances basées sur la connaissance des causes secrètes des mouvements de bourse.

En effet, ces secrets ont dominé tout l'Empire, et il n'est pas encore prouvé que la République veuille détruire ce vol à la grecque.

Mais pour ne parler que de l'Empire dont le Crédit foncier est à la fois l'incarnation et la création la plus vivante, nul n'ignore que l'alcôve conjugale et même non conjugale a été le véritable nid des grandes rapines de la Bourse.

Les femmes, blotties derrière les rideaux, prêtaient l'oreille, et *les choses entendues* se changeaient soudain en un Pactole dont l'épanouissement éblouissait le palais de la rue Vivienne.

Voici à l'appui de notre thèse un tableau où nous plaçons les dividendes distribués à côté des variations annuelles des actions du Crédit foncier de France depuis 1852.

Années.	Plus haut.	Plus bas.	Dividendes.
1852 (août.)	1275	535	2 1/2 p. 100.
1853	1220	525	7 p. 100.
1854	660	440	id.

Années.		Plus haut.	Plus bas.	Dividendes.
1855		580	507 50	7 p. 100.
1856		745	505	id.
1857		635	500	8 p. 100.
1858		680	580	9 p. 100.
1859		725	580	10 p. 100.
1860		955	715	12 p. 100.
1861		1300	901 25	15 p. 100.
1862		1760	1155	16 p. 100.
1863		1545	1210	18 p. 100.
1864		1340	1095	19 p. 100.
1865		1350	1235	21 p. 100.
1866		1400	1080	23 p. 100.
1867		1540	1210	25 p. 100.
1868		1550	1337 50	27 p. 100.
1869	non estamp.	1800	1460	29 p. 100.
	estampill.	1285	1170	
	nouvelles.	1200	1100	
1870	non estamp.	1805	1720	5 p. 100.
	estampill.	1340	840	
	nouvelles.	1290	1200	
1871		1050	820	13 p. 100.

Ainsi voilà une société dont les actions reposent sur des gages hypothécaires (car les obligations ne sont que des substitutions aux capitaux fournis par les actionnaires), et qui voit des écarts moyens annuels de 500 francs entre la hausse et la baisse !

Comment expliquer de pareilles variations?

Comment expliquer, par exemple, si le porteur d'actions est un porteur originaire, qu'il ait attendu pour la vendre que son action, libérée de 250 francs, et qui avait fait, en 1852, 1.275 francs, ait baissé à 955 francs, cours le plus élevé de 1860 ?

Et s'il n'est pas porteur originaire, s'il a acheté son action à l'un des bas cours intermédiaires, comment, alors qu'on annonce un *beau dividende*, s'arrange-t-il si bien qu'il vend à 715 francs, juste au moment où un dividende de 15 p. 100 (1861) est annoncé, et va pousser d'un coup l'action à 1.300 francs (1861) et 1.760 francs (1862)?

Il n'y a d'ailleurs aucune logique à coter ainsi cette valeur, même en 1860.

Le cours moyen du 3 p. 100 dans cette-dite année a été de 68',99, représentant par conséquent du 4',35 p. 100.

Or une valeur qui, pour 250 francs, donne un dividende de 30 francs, doit être portée, si elle veut suivre la marche du fonds d'État régulateur, à 690 francs. Ceci est mathématique.

Au lieu de cela, quel cours moyen trouve-t-on en 1861 sur les actions du Crédit foncier (car c'est à la fin de l'année normale que se fixent les dividendes)?

On trouve ce cours moyen à 1.100 francs.

La *rareté* a été faite évidemment par stratégie et *pour produire la hausse*, et cela en concurrence avec l'amorce des grosses répartitions.

Le premier venu, un passant averti, achetait au bas cours, la veille de l'annonce du dividende, et revendait le lendemain ou quelques jours après, justement au moment où le vulgaire alléché, mais venant le second ou le troisième, apportait niaisement son épargne.

Que voulez-vous que disent maintenant ceux qui, ayant conservé leur action achetée à 12 ou 1.500 francs, et à qui l'on va demander un versement complémentaire ? Ils crieront au vol, et ils auront raison.

Or soyez certain, public naïf, que ceux qui connaissaient la situation intérieure de l'établissement en question avaient vendu leurs actions bien avant que n'aient éclaté les alarmes actuelles (1).

(1) Les actions appartenant aux administrateurs sont immobilisés pendant leur gestion et, par conséquent, échappent à ce reproche.

Quant aux obligataires, qu'ils restent calmes : on ne peut rien leur demander à eux, mais eux, au contraire, ont de terribles droits à exercer.

Qu'ils attendent, qu'ils ne s'effrayent pas, ils doivent être des juges, non pas des victimes, car ici, les responsabilités ne sont pas *internationales*, elles *sont françaises.* Eh bien! malgré toutes ces constatations, malgré toutes ces preuves, j'ai la certitude qu'il se trouvera encore des gens assez avisés pour ne retenir que la date à laquelle pourrait tomber le Crédit foncier, et s'écrier :

C'est la République qui a tué le Crédit foncier de France !

O Béotiens !

Et cependant, que diraient ces avisés, si le Parlement actuel édictant une loi financière « *s'étonnait de ce que l'on ait vendu*

« *en bourse quatre fois plus d'actions qu'il*
« *n'en existait* », et punissait ce fait d'une
peine sévère? (C'est, là pourtant, un édit
du *conseil royal* de Louis XV relatif à l'an-
cienne caisse d'escompte.)

Que diraient-ils si l'on condamnait *à
mort* l'administrateur qui, comme le Ta-
lhouet de 1723, aurait détourné 30 millions
d'actions? Pourtant qu'a fait de plus Robes-
pierre?

O magistrature française, héritière des
franchises des anciens Parlements, veille,
par grâce, à notre salut!

VII

ABUS DE CONFIANCE.

Nous venons de rassurer les obligataires, mais c'est à la justice de la France de saisir l'occasion de révéler bientôt la hauteur de sa moralité et la puissance de ses enseignements.

Néanmoins qu'elle y songe.

Il y a pire que la faute lourde à imputer à des mandataires.

Il y a rigoureusement une sorte d'abus de confiance à établir.

A un notaire, à un tuteur qui compromettent la fortune d'un mineur, la loi est dure, impitoyable, et cela n'est qu'équitable.

Mais quand il y a, outre l'incapacité ou la faute lourde, abus de confiance ou dilapidation, ce n'est plus la loi civile, c'est la juridiction criminelle qui devient compétente.

Y a-t-il lieu, ou non, de pousser ici les choses à ce point? C'est ce que la justice devra apprécier.

Cependant, il y a cette chose grave : c'est que le Crédit foncier est un fonds d'État, de par la loi ; tout comme la rente et comme la caisse des Dépôts et Consignations, il est un asile inviolable !

Il est, en effet, un dépôt, un refuge, un giron officiel et sacré.

Nous lisons cela dans la loi du 28 février 1852, article 46 :

« Les fonds des incapables et des com-
« munes peuvent être employés en achat
« de lettres de gage; il en est de même
« des capitaux disponibles appartenant aux
« établissements publics ou d'utilité pu-
« blique, dans tous les cas où ces établis-
« sements sont autorisés à les convertir en
« rentes sur l'État. »

Plus tard, quand, *avec ou sans affectation hypothécaire*, le Crédit foncier est autorisé à prêter aux départements, aux communes et aux *associations syndicales*, on répète les mêmes termes solennels :

En effet, nous lisons dans la loi du 6 juillet 1860, article 5 :

« Ces obligations jouiront de tous les
« droits et priviléges attachés aux obliga-
« tions foncières ou lettres de gage par les
« lois et décrets concernant le Crédit fon-
« cier. »

Voilà donc deux stipulations formelles,
interdisant d'une façon absolue à l'institution formidablement privilégiée appelée
Crédit foncier de rien laisser au hasard
dans aucune de ses opérations.

Nous avons démontré amplement que le
jeu était devenu nécessaire aux services
des actions et des obligations à amortir :
voilà pour les prêteurs substitués à l'institution.

Voyons maintenant le cas où l'institution elle-même est en rapports avec ses
emprunteurs.

Pour rendre notre démonstration plus

vivante, nous allons citer des exemples *arrivés*.

Imaginez qu'un mineur atteigne sa majorité au moment même où, par suite de ses opérations, le Crédit foncier aura causé une baisse notable sur ses obligations, et que les fonds de ce mineur aient été *légalement* employés en achat de lettres de gage.

Voilà donc un *incapable* qui n'aura pas 'pu se défendre, et dont l'avoir, mis aux mains du Crédit foncier, aura périclité.

Il peut être partiellement, sinon totalement ruiné, sans que réellement il ait pu rien faire pour combattre le sinistre.

Pour cela, il suffit que, en 1860, par exemple, il soit devenu propriétaire de mille obligations communales, et que, devenu majeur en 1866, il ait un besoin impérieux de réaliser son capital.

Eh bien ! dans ce cas, grâce aux fluctuations *qui ne devraient pas exister* sur un gage hypothécaire ou reposant sur une dette communale, il aura perdu mille fois la différence entre les cours de 1860 et ceux de 1866.

En 1860, les obligations communales se négocièrent à. 447 50

En 1866, elles étaient tombées à. . . . 365 »

Différence. 82 50

Soit comme perte, 82.500 francs !

On dira que le revenu est garanti, tout comme pour le 3 p. 100, et que le 3 p. 100 est, comme les obligations, sujet à des fluctuations.

Ceci ne serait pas une raison sérieuse, et lors même qu'elle le serait, quand un

tuteur prend des obligations hypothécaires, il suppose avec une certaine logique
que le gage sur lequel elle repose ne sau-
rait s'avilir au point de produire des
variations importantes dans le cours de son
titre représentatif.

C'est bien ainsi que la loi l'entendait en
désignant le papier du Crédit foncier
comme refuge des biens des *incapables*.

Sinon il faudrait admettre que la loi
était *ignorante*, ou encore qu'elle était
complice, en attirant l'épargne de ceux qui
étaient désarmés contre son établissement
favori.

Mais non, la loi n'entendait pas cela;
elle croyait à une immobilisation du taux.

Les directeurs du Crédit foncier ont
trompé l'attente du législateur et du public.

Calculons :

Le mineur en question, achetant 1.000 obligations communales à 447',50, possédait donc 447.500 francs et obtenait avec ce capital 15.000 francs de revenu annuel.

Supposons qu'au lieu d'employer son argent en achat de communales, il l'ait employé en 3 p. 100.

Nous allons prendre les proportions similaires pour rendre la comparaison plus complète, et puisque nous avons inscrit le cours le plus haut de 1860 pour les communales, nous allons inscrire aussi le cours le plus haut du 3 p. 100 en 1860.

Ce cours fut 70',60.

A ce prix, avec 447.500 francs il obtenait 19.015 francs de revenu : premier avantage.

En 1866, comme pour les communales, nous inscrivons le cours le plus bas du 3 p. 100.

Ce cours fut 62',45.

A ce taux, en vendant ses 19.015 francs de rente, il retrouvait 372.472 francs.

Et sa perte qui, pour les communales, a été de 82.500 francs, n'est, avec le 3 p. 100, que de 75.028 francs.

Mais pendant six ans il a touché un revenu de 4.015 francs, supérieur à celui des communales, soit 24.090 francs, ce qui réduit sa perte à 60.938 francs.

Donc, dans le premier cas, le risque capital a été de 18',50 p. 100 des sommes engagées; dans le second cas, ce risque n'aura été que de 11',30 p. 100.

En conséquence, la loi est inexcusable d'avoir comparé la solidité des obligations foncières ou communales à celle du 3 p. 100.

En conséquence, les administrateurs qui

ont accepté le bénéfice de cette loi ont abusé de la confiance des citoyens qu'ils compromettaient sciemment.

Mais ce n'est pas tout, et nous n'avons encore examiné qu'un côté de cette grave question, car la dot de la femme mariée, l'avoir du mineur et celui de toutes les communes, de tous les établissements publics, de toutes les sociétés courent le même danger.

Voici un autre exemple récent et pris sur le fait.

Un tuteur en fonction de remploi achète une maison au compte de son pupille.

Le prix de cette maison est de 150.000 francs; il ne dispose que de 100.000, mais il compte sur une rentrée à terme fixe, et dans tous les cas, il stipule à son profit le privilége de substitution de première hypothèque, afin d'obtenir du Crédit foncier les 50.000 francs nécessaires pour effectuer le dernier payement de l'immeuble acquis.

Ce tuteur a donc tout prévu.

Il aura, à une année de date, 50.000 francs à toucher, et si par impossible cette rentrée manquait, le Crédit foncier est là.

Il a donc pu prendre date et s'engager dans tous les cas à payer 50.000 francs à un an de date à compter du jour de l'acquisition.

Or la rentrée attendue n'arrive pas ; peu importe, il s'adresse au Crédit foncier.

Celui-ci consent à lui prêter la somme de 50.000 francs au taux ordinaire, mais, usant de sa faculté de prêter soit en numéraire, soit en lettres de gage, il lui remet *au pair* ces lettres de gage jusqu'à concurrence de 50.000 francs.

Muni de ce papier, le tuteur peut à son choix ou le faire vendre par ministère d'agent de change, ou le céder au Crédit foncier lui-même qui le lui prendra volontiers.

Mais de quelque côté qu'il se tourne, il trouvera, non le pair, c'est-à-dire 500 francs, mais le taux résultant de l'agiotage, 410 fr.

Au lieu de 50.000 francs, il ne réalisera que 41.000 francs; il lui manquera 9.000 francs.

Admettons qu'il ne puisse les trouver; il renoncera à l'emprunt, ne pourra pas payer, et le mineur sera exproprié *avec frais.*

En pareille occurrence la maison vendue à la chambre des criées sera dépréciée et tombera à 120.000 francs.

Voilà d'un coup mon *incapable* non-seulement exproprié, mais débiteur de 30.000 francs sans compter les frais, qui ont réduit la vente à 100.000 francs.

Il restera au malheureux 70.000 francs.

Et ceci par le fait de qui?

Par le fait de celui qui lui donne comme valant 500 francs ce qui n'en vaut que 410.

Que fait de plus le faux monnayeur qui donne comme valant 20 francs une pièce de monnaie n'en valant que 18?

Ce faux monnayeur est aussi usurier, et c'est justement celui que la loi donne comme apte à être le protecteur et le dépositaire légal des biens des *incapables!*

M'objectera-t-on que de même qu'il donne au pair ses obligations, le Crédit foncier est obligé de les recevoir au pair?

C'est là une amère plaisanterie; jamais l'emprunteur n'est le maitre d'imposer un cours!

Le prêteur, au contraire, est sûr de l'imposer;

Or ce n'est pas quand on le rembourse que le Crédit foncier est utile, c'est quand il prête.

Mais quand il prête et lorsque les obligations sont *au-dessous* du pair, il les impose au pair à l'emprunteur; quand elles sont *au-dessus*, il donne de l'argent!

Dans ce cas, il est toujours usuraire et trompeur; aussi rien de moins *foncier* que son *crédit*, et rien de moins français que ses opérations.

Avec moins de jeu et moins d'avidité, cet établissement eût rendu les plus grands services.

Mais il semble avoir pris la devise impériale :

Tout par le jeu, rien par le travail.

Aussi l'heure de Sedan peut-elle sonner pour lui.

VIII

MYSTÈRES !

Le mystère a quelque chose d'attrayant
pour les cerveaux humains.

Tout ce qui est peu facilement explicable
excite l'admiration du vulgaire.

Le christianisme doit les trois quarts de
sa vitalité à ses *mystères*, dont il faut bien
se garder d'approcher l'étincelle, fût-elle
électrique.

La finance doit toute la sienne à ses *arcanes*, dont l'accès est gardé par des murailles de billets de banque.

Et cependant combien il est facile de faire voler en éclats cette muraille !

Un peu d'honnêteté et un peu de stoïcisme contre les présents d'Artaxerxès, et c'est fait.

On ne s'imagine pas à quel point les *combinaisons de bourse* allument le regard du petit capitaliste.

La légende du monsieur débarqué un matin avec 20 centimes et éblouissant un soir Paris de ses raouts ou des diamants de sa drôlesse a complétement retourné les cerveaux, et renversé le peu de morale qui y adhérait encore.

De là tous les gogos !

De là tous les tirelaine qui passent pour de très-grands génies financiers.

Ces derniers sont des dieux.

Le bon vulgaire, dépouillé par eux, les regarde ébahi et se demande effaré :

— Comment diable ont-ils fait ?

Pendant ce temps un autre s'approche et lui dit :

— Je sais le procédé. Je vais le mettre à votre service ; il dépendra de vous d'être aussi fort que ces grands génies.

Le bon vulgaire ouvre l'oreille, ouvre la bourse....., et il est une fois de plus..... dépouillé.

C'est l'éternelle fable du corbeau et du renard.

Et les renards mangent éternellement les fromages des corbeaux.

Un député, qui devrait tout savoir, pourtant, recherchait naguère, avec une certaine naïveté, comment on avait pu se procurer une modique somme de 60 millions, pour une opération d'usure, sans que l'on retrouvât la moindre trace d'encaissement.

Voici un des nombreux procédés en usage dans les mœurs de la haute finance. et s'il n'a pas été appliqué dans le cas dont se préoccupait le député, il aurait pu l'être sans que ni la morale publique ni la loi, qui sont, comme on le sait, deux choses fort distinctes, eussent pu y apporter le moindre empêchement.

Au reste, rien ne prouve que ce procédé n'a pas été pratiqué.

On sait quelles séries de combinaisons sont nées, dans certaines régions, de la nécessité d'écarter la banqueroute égyptienne.

Personne ne voulait se charger de l'opération.

Tout à coup, on ne sait ni d'où ni comment se répand le bruit que les seuls rois que la République tolère et vénère en France, les rois des écus, les barons de la rue Laffitte, s'occupent de l'affaire et étudient un projet de convention.

Et effectivement un papier a été remis à ces capitalistes.

On sait qu'ils disposent d'immenses ressources, qu'ils peuvent, financièrement, ce qu'ils veulent par le crédit.

Hausse !

Hausse de ce que vous voudrez.

On vend à terme... à 1.000 francs — cours et titres supposés — mais on peut mettre les noms sous les symboles.

Vingt-quatre heures après, les banquiers sollicités, et qui peut-être par pure politesse ont étudié la convention, répondent négativement.

Tout est perdu ! eux seuls pouvaient sauver le pauvre khédive.

Baisse !

Baisse de ce que vous voudrez, comme plus haut, peu importe.

On achète à terme à 600 francs.

Mais ce qu'on achète ainsi à terme à 600 on l'a vendu la veille à 1.000.

Différence, 400.

Multipliez ce chiffre par la somme qui aura servi de base, *sans bourse délier, et à l'aide de deux simples traits de plume,*

Et à votre choix vous aurez gagné 40.000 francs ou 40 millions.

Et voilà comment en portant un projet de traité chez M. de Rothschild et le reprenant vingt-quatre heures après, vous aurez pu sans dire un mensonge, et inattaquable *par la loi*, extorquer au public 4 millions ou 40 millions, suivant votre crédit.

A son choix aussi, le banquier sollicité a pu être un instrument inconscient ou complice.

Mais qui le sait ?

C'est seulement dans la *Gazette des tribunaux*, que les mystères de la finance sont mis à nu.

Mais il faut lire de gigantesques plaidoiries, et le vulgaire les passe pour aller tout droit aux petits scandales de l'adultère ou aux horreurs de l'assassinat.

Pourtant quelle infernale galerie de coquins s'est étalée et s'étale encore chaque jour dans ses colonnes !

Une des plus immenses *combinaisons financières* des temps modernes fut, comme on sait, la fameuse fusion des ports de Marseille avec trois autres compagnies.

Une assemblée générale avait été composée avec un art infini.

Car sachez-le, il y a un art de composer une assemblée générale d'actionnaires.

Cet art consiste à écarter les actionnaires sérieux pour donner la majorité à une série de gens sans aveu, *porteurs* (dans le sens de *camionneurs*) de titres appartenant à deux ou trois gros bonnets qui les ont achetés quelques jours avant, pour les répartir, pendant quelques heures, parmi cent ou cent cinquante pauvres diables, lesquels, transformés en rentiers pour la circonstance, encaissent une gratification, et le lendemain redeviennent gueux comme la veille.

Or, ces deux ou trois gros bonnets avaient

tout préparé à l'avance, et l'on vota comme ils l'avaient voulu.

Mais la plus jolie aventure qui soit arrivée dans cette circonstance est celle qui a coûté au gros bonnet, propriétaire d'actions, 3.000 francs en plus de la gratification promise au *camionneur* susdit.

Un actionnaire sérieux, créancier *in extremis* du susdit camionneur, le voyant dans l'assemblée générale, se dit :

— Comment, il est actionnaire? il a donc pu déposer des actions pour entrer ici !

Notre créancier court en toute hâte chez un huissier, qui immédiatement fait une opposition aux actions déposées.

Le soir même le créancier était payé, non par le *camionneur des titres*, mais, tant était grande la confiance du gros bonnet, par le gros bonnet lui-même ayant prié un tiers, *autre que son camionneur*, d'aller lever cette malencontreuse opposition.

Eh bien! quand on prouve à ces éperviers financiers qu'ils ont fait une assemblée générale fictive, des avocats éminents sont réduits à répondre :

« On vous a lu quatre lignes seulement
« de l'arrêt de la Cour, celles dans les-
« quelles la Cour blâme des pratiques qui
« JUSQU'ALORS ÉTAIENT USITÉES DANS UN GRAND
« NOMBRE DE COMPAGNIES, à savoir que, pour
« des délibérations d'assemblées générales,
« *afin de ne pas avoir à les recommencer*
« *par suite de* L'INDIFFÉRENCE *de beaucoup*
« *d'actionnaires, on répartissait des actions*
« *dans les mains de représentants, de gens*
« *qui n'en étaient pas propriétaires, et qui*
« *venaient voter.* »

Et un auteur que la maladie a trop rapidement enlevé à son grand œuvre et à
l'honnêteté humaine, Georges Duchêne,
de s'écrier :

« Traduisons en politique le principe
« Senard : supposons pour un instant l'au-
« teur revenu au ministère de l'intérieur,
« pendant une période électorale et décré-
« tant : « *Afin de ne pas avoir à recom-*
« *mencer les élections, par suite* DE L'INDIF-
« FÉRENCE *de beaucoup d'électeurs*, le garde
« champêtre rapatriera *tous les êtres qui*
« *ne sont pas électeurs*, pour former le con-
« tingent électoral. »

Pas de commentaires! n'est-ce pas?

Ce même procès du port de Marseille
nous fournit la moralité de notre travail
actuel.

C'est l'avocat qui parle :

« Tenez, il faut que je vous le dise,
« certes, ce marché secret entre MM. X....
« Y..., Z... se partageant d'avance les dé-
« pouilles de la Société des ports de Mar-
« seille, combinant froidement cette hon-
« teuse assemblée qui doit sanctionner
« leur marché ; tout ceci soulève la con-
« science, mais il y a quelque chose que
« je trouve plus mal encore.

« Ils ont dans leurs nombreuses sociétés
« une masse d'employés, la plupart gens
« sans fortune, ayant femmes et enfants.
« Ces employés ne vivent que par eux, ils
« le savent ; un signe de la main de X...,
« et leur position est perdue, et ils abu-
« sent de cette toute-puissance de l'argent
« pour faire de ces malheureux — hon-
« nêtes peut-être — les complices d'une
« fraude que la loi appelle délit ; et le

« sens moral, au milieu de ces trafics
« et de ces compositions de consciences,
« s'altère tellement, que ces employés
« ne paraissent plus comprendre à
« quel point ce qu'on leur fait faire est
« odieux ! »

Nous n'ajouterons qu'une réflexion à cette éloquente sortie :

Comment ces messieurs les éperviers sont-ils surpris, quand un de ces malheureux auxquels ils insinuent l'escroquerie légale ou extralégale, journellement, par petites doses, mais d'une façon continue, prenant à leur tour une résolution audacieuse, font un faux ou forcent la caisse ?

Si le misérable fou n'emporte que 2.000 francs pour payer une dette criarde, il est conspué.

Si le gredin dérobe 20 millions :

— Quel gaillard, s'écrie-t-on ; et *eux* sont en admiration.

Enfin, chose encore plus bizarre, les journaux les plus lus qui citent cette différence d'appréciation, et ne manquent jamais de signaler une escroquerie isolée, gardent avec la religion d'*un pacte de mutisme* le silence le plus absolu quand il s'agit de révéler l'ensemble des exactions qui, non-seulement ruinent les familles, mais encore dépouillent la nation entière !

Triste déduction que celle qu'on serait autorisé à tirer de cette divergence de conduite :

Rigoureusement, elle serait la suivante :

— On peut obtenir de l'épervier en fonctions ce qu'il est impossible d'en retirer quand il est en cage !

Donc!...

Je m'arrête, car il y a une loi qui me condamnerait si je disais au forçat qui sort du bagne :

— Tu en viens !

IX

CONCLUSION.

J'ai raconté le mal dont périt le Crédit foncier. J'ai tiré de ce mal toutes les conclusions directes et possibles sans entrer dans les agissements personnels.

Aller plus loin n'est pas mon affaire.

J'ai dit aux obligataires :

Attendez, n'écoutez pas la panique, ne donnez dans aucun piége. Il y a péril, mais vous l'aggraveriez par votre précipitation.

J'ai dit aux actionnaires :

Vous êtes de deux sortes :

Vous qui n'avez versé que 250 francs et qui avez vendu, vous êtes couverts. Taisez-vous.

Vous qui avez acheté niaisement dans les hauts cours, vous courez un danger, mais vous le saviez, du moins en partie, car qui dit action, dit risque.

Néanmoins vous avez des reproches à adresser à vos administrateurs (1).

Aux administrateurs je dis :

Toute votre fortune répond de votre ges-

(1) Il résulte du rapport de 1875 que, depuis 1852, il y a eu 46.406 transferts comprenant 1.303.792 actions; d'où il suit que chacune des actions a été vendue dix fois en moyenne, et que les actionnaires se sont autant de fois renouvelés.

tion, car toute violation des statuts est faute lourde, et vous êtes des tuteurs.

Or il faut, si elle n'existe pas claire et spéciale à votre cas, qu'on fasse une loi pour que vous soyez responsables dans l'universalité de vos biens.

Et maintenant, à ceux qui cherchent la petite bête et qui veulent découvrir comment le Crédit foncier a escompté à 5 ou 6 p. 100 des bons du Trésor égyptien, que notoirement le khédive cédait à 25 ou 30 p. 100 d'escompte;

A ceux-là je dirai :

Vous usurpez les fonctions de la justice, elle seule a le droit de rechercher la réalité ou la fausseté du fait allégué.

Rappelez-vous seulement que dans un procès célèbre elle a pu découvrir comment :

« G***, garçon de bureau au chemin de
« fer du Nord, ayant 1.200 francs d'ap-
« pointements, 280 francs de loyer, a pu
« faire, sous son vrai nom et à son vrai
« domicile, pour QUARANTE-TROIS MILLIONS
« d'opérations en *dix mois* avec son agent
« de change. »

Et maintenant, capitalistes, dormez.

P. S. Au moment où j'écrivais ces lignes
on m'apprend que M. E., directeur du
Crédit agricole, à Marseille, vient de se
suicider.

Inquiet, je télégraphie..., tous les administrateurs du Crédit foncier se portent
bien !

Tant mieux !

Mais le sultan aussi est *suicidé*, et la
rente turque remonte.

Voilà un coup de Providence !... il y a un Dieu !...

Je crois décidément que l'enquête qu'on a *l'intention* de projeter d'ordonner sur les agissements du Crédit foncier va révéler la plus prospère des situations.

Les statuts seuls seront malades.

Qu'importe, le Crédit foncier changera de nom, il s'appellera :

BANQUE ORIENTALE !

3180. — Paris. — Impr. Arnous de Rivière et C⁰, rue Racine, 26.